JN411276

불빛 순례자

강홍수 · 신태수 시집

심지시선 047

불빛 순례자

2023년 1월 20일 초판 1쇄 발행

지은이 강홍수·신태수
펴낸이 윤영진
기획편집 함순례
홍 보 한천규
펴낸곳 도서출판 심지
등록 제 2003-000014호
주소 34570 대전광역시 동구 대전천북로 12
전화 042 635 9942
팩스 042 635 9941
전자우편 simji42@hanmail.net

ISBN 978-89-6627-234-1 03810

심지시선 047

불빛 순례자

강홍수·신태수 시집

시인의 말

인생은 교향악이다.
각각의 순간들이 합창으로 노래하고 있다.

— 로망 롤랑

시는
인생 교향악의 악보
빛을 따라 좁은 길 걸으며
함께 부르는
순례자의 노래

2023. 泰秀

차례

2부

聖과 俗_ 신태수

1부

2부

〈일러두기〉

*본문에서 〉는 '단락 공백 표시'로 한 연이 새로 시작된다는 표시이다.

나를 찾아가는 길

강홍수 시

1부

길

누군가 처음 가지 않으면
길이 생기지 않는다

뒤이어 가고 또 가지 않으면
길은 잡초에 지워진다

가보지 않으면
그 길을 알 수가 없다

누이 바다

돈 버는 기계가 되어가는 메마른 세상에서
영혼을 느껴보려 거니는 바닷가

객지 생활 동생 마중 나온 고향의 누님처럼
양팔 활짝 벌려 달려온 파도는
살아보라고
펄떡이는 물고기처럼 살아보라고
솟구쳐 오르며 응원을 하네
왜 이리 삶이 버거운지 모르겠다는 나에게
인생이란 굴곡 심한 물결 같은 것이라고
열정적인 몸짓으로 거듭거듭 보여주네

해거름 뉘엿뉘엿 재촉에
돈 공장 같은 도시로 귀환하는 등 뒤로
힘내라며 날개 박수로 배웅하는
누이 같은 바다

희망별

수많은 하늘 등대
누가 세워놓았나
깜깜할수록 빛을 발하는 별등대

망막할수록 기도하며
내면을 들여다보자
인생도 저와 같아서
어두울수록 희망 더욱 반짝일 테니까

정신여행

어둠의 단편 같은 졸음 조각들을
안방에 드러누운 겨울 햇살과 더불어
달콤한 낮잠으로 씻어버린 공휴일 오후

생활의 악착같은 노독으로 인해 굳은살 박이고
미처 빠져나가지 못한 독으로 인해
발바닥이 화끈거려 밤잠 설치기 일쑤였지만
명상보다 더 깊고 고요한 낮잠 덕분에
햇살보다도 가벼워진 정신

바닥도 없고 천장도 없는 정신세계
영감이든 상상이든 모두 한계선이 없어
마음의 짐 보따리 하나 없이 훌쩍 떠나는
긴 연휴의 정신여행
하얀 나비처럼 너울너울 즐거운
정신의 자유여행

여름 풍경

바람결에 취해 흔들흔들 낮잠 자는
노란 줄무늬 거미

구애라도 하는지
온종일 목이 쉬도록 노래하는 베짱이

할머니와 경주라도 하듯
무화과 익을세라 잽싸게 콕콕 파먹고 내빼는
긴 꼬리 까치 한 쌍

고추마다 새빨갛게 올라탄 여름
신나게 나팔 부는 참깨꽃들의 하모니

어울림

청명한 코스모스꽃이 피었습니다
투명한 달맞이꽃도 피었습니다
정열적인 양귀비꽃이 피었습니다
정갈한 달걀 꽃도 피었습니다
호탕하게 웃고 있는 태양 아래
바람결 따라 일제히 한들한들 춤을 춥니다
강아지풀도 덩달아 살랑거립니다
여치와 귀뚜라미는 신이 나 노랠 부릅니다

가을 얼굴

단풍잎은 신이 나 으쓱으쓱 어깨 춤추고
햇살은 단풍잎 위에서 반짝반짝 뛰놉니다

오늘따라 유달리 말끔한 하늘은
이목구비 뚜렷한 얼굴을 보여주고 있습니다

바깥바람 쐬러 나왔던 지렁이 한 마리
술 취한 한량처럼 세월아 네월아
제집 찾아가고 있습니다

풀벌레들은 가을 향기 짙은 노랠 부르고
알곡 예쁘다 바람이 동글동글 쓰다듬는 지금
가을은 빙긋이 엄마 미소를 짓고 있습니다

깊어가는 계절에

차 소리마저도 차갑고
순한 햇볕조차도 따스한 계절
화살나무 잎사귀도
철쭉나무 잎사귀도
추위에 상처받아 붉게 물들었다

돌아나던 잎사귀만큼이나 예쁜 단풍처럼
상처 많은 우리네 마음도
곱게 물들어 깊어질 수 있을까

어린 감나무에게

서러워 마라 흔들리지 마라
추수할 열매 거의 없다고
그나마도 탐스럽지 못하다고
잎사귀 뚝뚝 떨구며 괴로워 마라
이제 너는 겨우 삼 년 살이
살아온 세월보다 살아갈 날이 더 많은데
숱한 세월 풍파 견뎌낸 나무들의 결실과 비교하며
떠돌이 바람처럼 휭휭 울어대기엔 이르잖은가
비 온 뒷날 아침 햇살 받으며 움 돋던 새싹들
연노랗게 피어나던 앙증스러운 꽃잎들
여름을 울창울창 풍성케 하던 너의 이파리들
그것만으로도 멋진 한해였잖은가
몰려오는 한파 견뎌내며 나이테 넓혀가고
뿌리 탄탄히 깊어지노라면
늘어나는 잎사귀들과 예쁜 꽃잎들만큼
붉은 웃음 주렁주렁 펼쳐 보일 날이 오잖겠는가
아직은 까치조차 찾아오지 않지만
벌과 멧새들까지 찾아와 잔치 벌일 날 오잖겠는가
지금도 잔가지들이 햇살 받아 반짝이잖은가

영혼에 대하여

세상살이가 왜 이리 기나긴 동굴 속 마냥
어둡고 막막하고 불안하냐며
마음의 촛불 켜는 것마저 포기한 그대여
이 세상 삶이 전부는 아니잖아요
헤아릴 수 없는 전생을 살아왔듯이
영원한 영혼은
헤아릴 수 없는 후생을 살아갈 테니까요
어쩌면 이 세상 고통은
다음 세상에서 중요한 무언가를 행하기 위한
훈련과정일 수도 있잖아요
현 세상에서 도달하지 못한 목표가 있다면
다음 세상에서 이루면 되잖아요
비록 영혼은 전생을 잊고 살지만
목적과 목표가 간절하다면
하늘이 외면할 리가 없잖아요
삶이란 현실에 매여 있기에
괴롬과 슬픔과 고통을 떨쳐버릴 수는 없지만
폭풍우 몰아치는 밤에

새 아침의 태양을 소망하듯
다음 세상의 꿈을 이루기 위한 과정이라 여깁시다
다음 생애를 등대 삼아
마음의 등불을 켜고 휘적휘적 저어갑시다
영원을 살아가는 그대여
고개 들어 하늘을 바라보아요
지금도 그대를 향해 미풍이 불고
새들은 노래를 부르잖아요
누군가 그대를 위해 애타게 기도하잖아요

숙명적인 희망

때로는 꿈속 같은 시간의 미로 속에서
우왕좌왕 헤매 돌기도 하는 생활이었지만
시간은 생을 죽음의 문을 향해 이끌어왔듯
남은 생애 또한
인생길의 마지막 관문으로 이끌리라
바위를 만나 휘돌아 치고 고꾸라지는 시냇물이
결국은 바다 품에 안겨 안식을 취하듯
귀신에 휘말린 듯한 악몽 같은 현실조차도
시간은 이 세상 마지막 희망으로 인도하리라

작대기

작대기 같은 인생을 살고 싶다

밋밋하고 남루한 막대기지만
받쳐 주지 않으면
지게가 서 있지를 못하고
버팀목이 되어주지 않으면
지게를 지고 일어서질 못하는
없어서는 안 될 소중한 존재

작대기 같은 여생을 살고 싶다

신호등

십자로의 신호등은 공평하다
그 공평으로 인해 신뢰가 생기고
인내하며 기다려 모두의 안전이 보장된다
한 방향으로만 녹색등이 켜진다면
다른 방향은 적색등만이 켜지는 것이기에
어느 순간부터 신호등은 무시당한 채
경적마저 날카롭게 뒤엉킬 것이다

신이 누군가의 일방적인 기도를
마냥 들어줄 수 없는 이유 또한 그렇다

전령새

꽃비 내린 퇴근길
튤립꽃처럼 노을이 꽃 피는데
잃어버린 첫사랑 재회만큼이나 반갑게
수년 만에 걸려 온 전화

특별히 할 얘기는 없지만
연락만으로도 분수처럼 솟구치는 기쁨

기상할 즈음의 새벽 다섯 시경
까치가 머리맡 창가에서 요란하게 나팔 불고
출근길에 내 앞으로 휙 날아온 한 마리 까치
신호처럼 선창하자 합창하던 까치 떼

그토록 각별한 인연이었구나
너와 나는

내려놓을 때

예전부터 회자 되는 말 중에
매에 장사 없고
술에 장사 없고
세월에 장사 없다는 말이 있다
그에 더하여 현대에는
일에 장사 없다는 말이 추가되었다
결국 무리하면 탈이 나고
사람 능력으론 어쩔 수 없다는 말
한편으론 한계란 벽 앞에 서글퍼지기도 하는 말
나로서는
좋은 시대에 태어나 심한 매질 당할 일 없었으며
체질상 애초부터 술과는 친하지 않았으며
세월이야 능력 밖이라 포기나 체념조차 안 했는데
이제는 일마저도 내려놓으라 한다
세월과 체력이 합세하여
그만 물러나라 시위한다
금세 두 눈을 침침하게 하고 기억력을 떨어뜨리며
인제 그만 책상에서 물러나라고
무력 시위를 해댄다

세파

세상의 파고는 왜 이리도 높은지
꿈결에조차 휘몰아치는 통에
수시로 쫓기듯 깨어
생활만큼이나 어두컴컴한 허공을 헤매는
초점 잃은 두 눈동자

아직은 건강한 정신이 있고
움직일 수 있는 육체가 있다고
나 스스로 희망적인 용기를 불어넣으며
힘겹게 잠을 잡아끄는 밤

장마가 곧 시작될 것이라 전하는지
태풍은 다급하게 창문을 두드려대는데
아슬아슬 잠결 건너는 밤이
기나길기만 하다

임차 인생

이루면 가져가더라

어떤 형식이든 하늘은 회수하더라

허망한 욕심으로 달성할수록
상처는 더 크고 오래도록 아프더라

무엇 하나 내 소유인 것이 없더라

감사의 길

지나온 발길이 헛걸음은 아닌지
의구심이 강하게 엄습하며 힘이 쏙 빠지는 날
푸념 섞인 원망처럼 하늘에 묻는다
올바른 길을 가기는 하는 것이냐고

돌아보면 아득한 길
땡볕 내리쬐고 비바람 몰아치고
폭설이 앞을 막아서는 때도 있었지만
길가의 풀들이 살랑살랑 반겨주기도 했고
갖가지 꽃들이 활짝 웃으며 동행하기도 했으며
작은 새들은 지친 내게 노래를 불러주기도 했다
어쩌면 목적지에 도달하지 못했기에
더 많은 것을 보고 듣고 느끼며
더 많은 발자취를 남기며 왔는지도 모르겠다
나의 길은 어디에서 끝날지 알 수 없지만
산맥마다 웅장하고 아름다운 산봉우리 지니듯
하늘은 나를 통해
더 아름답고 다양한 족적을 남기기 위해
목적지 먼 길로 들어서게 한 것인지도 모르겠다

불빛 순례자

떠날 때인가 보다
애타게 기다리던 이도 이젠 돌아와
우리들의 뜰 안이 이토록 반짝거리노니

저편으로 가서
창조주와 기도 대화를 나누며
끊임없는 자문자답을 통해
세상 돌아가는 이치에 대하여
하나둘 터득할 때인가 보다

불빛이 되자
환할 때는 보이지 않다가도
깜깜할수록 빛을 발하는 별빛처럼
구도자처럼 순례의 길 떠났다가
우리의 마당이 비워져 적막할 때
소리 없이 돌아와 채워지는
불빛이 되자

나를 찾아가는 길

인생길은 필연적인 마라톤 같은 것
미래에서 기다리고 있는 자신을 만나기까지
완주해야만 하는 인생 숙제

색깔과 모양새가 다른 수많은 길들
그중 하나 접어들어 허덕이며 가는 모습만큼이나
회한에 잠겨 기다리고 있을 미래의 내 모습
좀 더 환한 모습으로 포옹할 수 있도록
영혼의 샘물을 들이켜고
마음의 세수도 하고
새 소리 따라 콧노래 흥얼거리며 가자
때로는 울퉁불퉁 인생길일지라도
내일로 이끌어가는 희망가를 부르며 가자

현재의 모습 속에
미래의 모습이 언뜻 보인다

새 출발

세상살이가 실타래처럼 얽히고설킬수록
뒤처지는 것만 같은 속도 불안의 문명 속에서
잊으며 산다는 것은 행복의 필수조건임을
깨달아 되뇌며 하늘을 바라보던 날들
잊지 못한 채 집착했으면 이미 미쳐버렸을
정신 혼돈의 나날들을 반추하느니
도달하는 것은 고사하고 보이지도 않는 목표점에
마음이 무너져 내렸던 날들은 얼마던가

새 출발에 앞서 생각을 추슬러 격려하노니
실력이 부족하다면 노력하여 채우면 될 것이요
기회가 오지 않았다면 기다리면 될 일이다
하늘마저 포기한 사람은 없다
하늘 약속 또한 주어지지 않은 자는 없다

목표 지점을 향해
황소처럼 우직하게 가보자
도달할 때까지 기필코 가보자

신념

지워버렸던 신념을 다시 적는다

내가 가는 길은 마라톤보다 머나먼 길
세상의 격려 박수나 환호성 없이 가는
지루하고 망막한 길
때론 진흙탕을 건너고
때론 좌절고개를 넘어넘어 가고 또 가는
인생산맥길

좋든 싫든 나에게 부여된 길
그나마 하늘이 동행하여 다행인 길
때론 예지몽을 통하여
때론 새들을 통하여
때론 벗들을 통하여

숙명 속 신념이 있다면
목숨 걸고 갈만한 가치가 있지 않겠는가
목표점도 나를 기다리고 있지 않겠는가

2부

예지몽 1

고향 집 못자리 논에
못줄을 띄우고
나는
세 줄째 모내기하고 있었어

모 포기에 어리는
금관 쓴 온화한 영감님의 모습

동네 어른들이 논둑길로 지나가며
이 모들은 저분의 것이야
라고 말하고 있었네

예지몽 2

등산하는 사람들이라면 누구나 등반을 꿈꾸는
까마득한 소망산을 오르기 위해 강가에 다다르니
앞서간 수많은 사람이 강을 건너지 못한 채
웅성거리고 있었네
깊은 강에 괴물까지 산다면서

내가 꼭 가야 하는 길이라면
괴물과 싸워서라도 기필코 건너리라
굳세게 다짐하며 나아가려는 순간
돌연 뒤에서 나타난 높이 모를 거대한 기중기
나를 좌아악 끌어올려
강을 건너 첩첩산중을 지나서
울긋불긋 단풍에 둘러싸여 은백색 빛을 발하는
집채 같은 거대한 바윗덩어리의 정상을 보여주었네

예지몽 3

국민배우를 비롯한 일면식도 없는 네 명과
수영으로 겨울정신같이 시퍼런 바다를 건너야 했네
수영을 전혀 못 하는 나
죽더라도 시도는 해보리라
가방을 등에 지고 펄쩍 뛰어든 후
팔 휘저어 나아가려는 순간
손에 쥐어지는 물
일어나 물 위를 까마득히 앞서 걸어 건넜네
국민배우는 수영을 곧잘 하고 있었고
나머지는 힘겹게 헤엄쳐 오고 있었네

예지몽 4

고풍스러우면서도 현대적 감각의 고향 집은
정승 집 같은 모습으로 변모하여 있었는데
안방에는 어린 아들이 환하게 앉아 있었고
대문 밖에는 봉숭아꽃들이 미소 짓고 있었네
집 앞의 비탈 산에는
아름드리가 넘는 듣도 보도 못한 나무들이
우뚝우뚝 치솟아 있었는데
손바닥보다도 크고 푸른 약재 열매들을
주렁주렁 키워가고 있었네
품은 듯 아늑하면서도 탁 트인 바다에는
고기들 헤엄치는 모습이 선명한 바닷물이
반짝반짝 춤을 추고 있었네

예지몽 5

고향 집 근처 파란 호수에
누군가 사람을 죽여 빠뜨린 것을 내가 건져냈으나
호수가 더러워져 물을 마실 수 없다며
아버지는 저만치에서 노발대발하셨네
용모는 번듯한 살인범 세 명이
죄악에 굶주린 듯 주위를 배회하고 있었는데
꿩 두 마리는 놀래서 푸드덕거리며 날아가고
나머지 한 마리는 다급하게 달음질치고 있었네
나는 애써 담대한 모습으로 그들을 지켜보다가
호숫가 진흙탕에 뒤로 미끄러져 빠지려는 것을
가까스로 중심을 잡아 길 위로 올라섰네

호수 위쪽 내가 가꾸는 수박밭에는
새싹들이 자라고 있었는데
땅이 거름기가 별로 없고 척박하여서
제대로 자라지 못한다고
아버지께서 자상하게 말씀하여 주셨네

꿈 이야기 1

적군이 땅거미처럼 소리도 없이 몰려든다
M16 총을 쏘아
가슴팍을 정통으로 맞혔는데도
적은 도무지 죽지를 않는다
공포탄도 아닌데
적군은 강력한 방탄조끼라도 입었는지
총알은 힘없이
툭툭 떨어져 내린다

한 발
한 발
조여들며 커져 오는
죽음의 총구멍

꿈 이야기 2

바다 한가운데 노래자랑이 열렸네
수많은 배들이 떠 있었고
물결은 찰랑찰랑 박자를 맞추고 있었지
내 차례가 되어 마이크를 들고 노래하는 순간
전기가 나갔는지 마이크는 먹통이 되고
배경 음향이 뚝 끊어졌어
당혹감 속에서도 꿋꿋하게 노래를 마저 불렀지
내 배에는 두 사람이 함께 타고 있었는데
햐! 노래를 기가 막히게 잘하네
감탄사를 연발하였네
하지만 나는 너무나 아쉬웠어
다른 배에 타고 있던 많은 이들에게
노래를 들려주지 못하는 현실이 안타까워서
내 노래가 끝난 얼마 후
다른 배의 라디오에서 현대풍 노래가 흘러나오자
나와 같은 배에 타고 있던 사람들마저
귀를 쫑긋 듣고 있었네

꿈 이야기 3

모내기 위해 써레질해야 하는데
논 한 가운데 십여 미터나 박혀있는 철창
동아줄 묶어 삼십여 명이 줄다리기하듯
이리 휘청 저리 휘청 휘몰리며 용쓰는데
구멍만 넓어졌을 뿐 비웃듯 버텨선 철창

흙탕물과 땀방울로 뒤범벅된 채
고된 신음 새어 나오는데
철창 앞에서 목소리 높여 독려하는 감독관

비둘기 구구구 소리에 어두침침 깨어보니
장맛비는 변함없이 어둠을 적셔대는데
꿈을 가만가만 되새겨 보느니
위로 뽑으면 쉽사리 뽑혔을 것을
열 명이라도 가능했던 것을

꿈 이야기 4

내가 수십 년째 가꾸는 동산에 가보니
허리 껍질 벗겨진 나무들이 잿빛으로 죽어 있었네
누가 왜 저랬을까
속상한 의문점으로 휩싸일 때
부모님이 웃으시며 다가와 상심하지 말라 하시며
어린나무들마저 뽑으시네
그럼 아버지 어머니가 저리 해놨단 말인가
도무지 이해가 안 돼 어안이 벙벙한데
구멍에서 이미터 가량의 노란 체크무늬 뱀이
스륵스륵 나오더니 붕 날아올랐네
부모님에게 독사 조심하라고 소리치는 순간
옆 구멍에서 작은 뱀이 기어 나와 날아오르더니
먼저 나온 뱀과 마주 보고 갈라진 혀를 날름거리며
무슨 말인지 주고받은 뒤
큰 뱀이 내 얼굴을 향하여 쏜살같이 날아들었네
섬뜩한 마음으로 머리를 휙 돌려 피하며
사탄 같은 뱀아 물러가라 외치면서
주먹 휘둘러 내쫓은 후 깨어보니
안개 자욱한 새벽이었네

꿈 이야기 5

칼바람 앞세운 동장군이 미친 듯 날뛰는 밤
시 관련하여 간절히 기도한 후 잠든 꿈속
십 대 소년의 내가 외출했다가 돌아오니
고향 집 안방에 어른들 다섯 명이 둘러앉아
고스톱을 치고 있었네
주인 없는 집에 들어온 것은 무슨 연유이며
노름이라면 질색인 아버지인 것을 알 텐데도
겁도 없이 남의 집 안방에서 돈 따먹기를 할까
의아한 눈으로 바라보다가 깨어보니
시간 모를 새까만 밤이었네

꿈 이야기 6

꿈속의 수업 시간
직종마저 다른 공무원들과
수학 선생님처럼 단호한 분의 강의를 경청하다가
옆에 앉은 칠급 공채 출신 공무원을 힐끗 보며
끝내 칠급 시험에 불합격했던 시절이 떠올라
부럽다는 생각이 드는 순간
교단의 선생님이 나를 호칭하며
자신을 가져라 딱 한 마디 하신다
마치 내 마음을 읽기라도 한 듯한 말씀에
오늘 처음으로 마주한 분인데
어찌 내 성명과 마음을 알았을까
궁금해하는 중에 깨어보니
동이 트고 있었다

꿈 이야기 7

어느 생에선가 머문 것처럼 가물가물한
백색 도시 입구에 다다르니
낯익은 쌍갈래길이 있다
그중 하나는
수년 전 꿈속에서 헤매 돌다가
헤어나지 못해 좌절하던 미로 같은 길
정신을 탈진하게 했던 요상한 길이다
하얗게 빛을 내며 유혹하는 그 길을 보니
머릿속이 혼미해지고 속이 메스껍다
계절마저 헷갈린다
파릇파릇 새싹이 돋는데
순한 늦가을 햇살이다

결국 새로운 길로 접어들었다
이번엔 어떤 광경이 펼쳐질까
걱정과 기대가 교차하는 중에 깨어보니
아침이 한참 먼 오밤중이다

꿈 이야기 8

고향 집에 어스름이 짙게 드리워질 무렵
집 주위를 빙빙 도망치는 한 남자를 붙잡아
대여섯 명의 무리가 구타하고 있다
어두컴컴한 날씨만큼이나 험악한
오십 대 중반의 남자들이 둘러싼 채
초주검이 되도록 난타를 하고 있다
마루에 서서 멀뚱하게 내다보고 있는데
우두머리로 보이는 자가 칼 눈으로 째려본다
그러거나 말거나 마주쳐 바라보자
갑자기 드럼통만 한 바윗덩어리를 휙 집어 던진다
워낙 순식간의 일이라 피할 겨를이 없다
그에 더해 괴력에 놀라
두 발이 얼어붙듯 떨어지질 않는다
꼼짝없이 깔아뭉개지겠구나 체념하는데
정면으로 날아오던 바윗덩어리가
기적처럼 공중에서 미끄러지며 옆에 쾅 떨어진다
확 쫓아나가 저것들을 흠씬 두들겨 팰까
생각 중에 깨어보니 도시의 한밤중이다

꿈 이야기 9

고향 초가집 윗방에서 형님과 자고 있는데
창호지 문밖에서 갑자기 싸늘한 한기가 서성인다
어둠을 틈타 귀신이 접근했다는 생각에
일어나려는데 전신마비처럼 움직이질 않는다
어눌한 입술로 간신히 형님을 깨워
일으켜 달라고 하니
엉거주춤 방문을 열어보곤 도루 눕는다
그림자처럼 따라 들어와
형님 옆에 눕는 아홉 살가량 말총머리 소녀 귀신
다급하게 나를 일으켜 달라 소리치며
오른손으로 형님의 어깨를 힘껏 내리치는 순간
내 몸이 풀리며 형님과 소녀가 흔적 없이 사라진다
형님조차도 귀신이었구나 생각하는 순간
오싹해지며 눈을 떠보니
시간 모를 한밤중이다

꿈 이야기 10

어스름이 짙게 깔릴 무렵
고향 집 앞의 가을걷이가 끝난 밭에서
한바탕 육박전 전쟁을 치른 후
도무지 나조차도 알 수 없는 나는
천사장 두 명에게 지시하여
천사들을 정렬시키고 있었다

聖과 俗

신태수 시

1부

時計

움직임만 볼 뿐
우리는 시계의
중심을 주목하지 않는다

시
분
초가

동일한 근원에
못 박힌 것을

순환과
직선은
철학

그러나
언제나 원점에서 나는
신을 만난다

무제

잠을 깨운 빗소리에
오래도록 젖는다
비 내리는 풍경은 아주 기ㅡ인
옛날이야기처럼
주저리주저리 종일 이어지고
길섶엔 물방울 구르는
토란잎이 흔들리고
이따금 거센 빗줄기에
비안개가 피어난다

토란잎 같은 머릿결의 테스는
장대비로 머릴 감았드랬지
피아노의 클라이맥스도
오늘 같은 날이었던가

다시
비안개가 하얗게 밀려와
캔버스를 지운다

시간이 멈춘다
누군가 올 것만 같다

쏟아지는 빗방울만큼
그가
그리운 것이다

시인의 제단

누구에겐가 사연을 띄우려
펜을 들었을 때
그리고 가슴속에 맺혀 있는 것들이
머릿속에 맴돌기만 하여 답답할 때
이해인의 시 몽당연필을 떠올린다

슬프고 기쁜 추억들이
기억의 물결에 굽이쳐
넘실거릴 때조차
물 대고 배 띄우지 못하는
나무늘보

굳은살 박인 손에서
볼펜이 새하얀 종이에 미끄러지고
그 자취 밟아가며
밤의 빛깔 같은 까만 잉크가
별빛으로 반짝이는 순간까지
〉

두 렙돈 모든 것 바친 과부처럼
다듬지 않은 돌로 쌓은 엘리야의 제단처럼
정갈히 몸을 씻고
그가 오심을 기다리며
언어의 제단을 쌓는다

그가 오심을 기다리며

진달래 붉어 마음 물드나
야릇한 설레임 그리움 돋아
아무도 모르라고 속으로 피네

진달래 꽃물번져 향내 그윽이
산마다 지천으로 꽃은 피는데
아무도 모르라고 마음속 피고서

피어난 그리움은 꽃보다 붉네

십자가

낙엽이 지는 오늘
나무 아래 섰다
엉성한 이파리
이고 지고서

성긴 잎 매단
버거운 어깨쭉지
휘젓힌
비바람 무릅쓰고
누군들
잠시라도
멈추고 싶지 않으랴마는
바람은 끊임없어

흔들어 깨우는 듯
재우는 듯

색다른 삶의 맛

퇴근 시간이 채 안 되었는데
웬일인지 사람들이 두런두런
거리 쪽이 수상하다
종종걸음으로 이리저리 어수선이다
연신 사진을 찍고
스마트폰을 든 얼굴엔
생기있는 표정들과 몸짓
정담과 웃음이 풋풋이 솟아난다

첫눈이 오는 것이다
그래 이 야단들이다
첫눈이란 것이 가져다주는
짜릿한 목격자적 전율과
야릇한 행복감과
혼자일 수 없는 안타까움
한꺼번에 번지는 이런 감정들에 떠밀려
전화로 또는 거리와 찻집으로
이렇게들 부유하며 밀리는 게다

〉

그렇게도 건조했던 생활
얼음처럼 응결되어 가슴 시리고
각박해진 생활 속에
이렇게 첫눈이란 걸 내려
색다른 삶의 맛을 느끼게 하고
전혀 예기치 못했던 세계로 이끄시는,
정말 고마운
우리 하나님

고요한 밤 거룩한 밤

영원히 다시 못 올
이 순간.
겨울은 깊어 밤인데

오색으로 반짝이는
작은 불꽃들의 예배당 창으로
피아노 소리가 은은히 흐르고

창밖에 흰눈 나려
조용히 손 모은 우리들 마음속에
뿌듯이 쌓인다

허~어
입김을 불며
어둠을 거슬러 돌아오는 길

어~이, 잘 가게.
형제의 목소리는

산굽이를 돌아 눈처럼 하늘에 날린다

안녕~, 그리고 주의 평강을 누리게!
나의 축복에
쩌렁쩌렁 산골이 메아리로 화답한다

아,
아깝도록 아름다운 이 밤이여!

생의 한가운데서

많은 날을 보내고
이렇게 다시 혼자다
글을 쓸 기력이
아니, 열정이
솟질 않아
이다지도 많은 날을
비워두었다

무기력증과 허망함과 공상
질곡으로 점철된 생을 꾸려나가기가
이리도 벅찬가
굳이 이렇게까지 절박하게
되지 않을 수도 있었을 터인데
각박함 속에 삶의 생기를 상실하고
찌들고 추해진 내 모습이 싫다
생각할수록 분하다
마음을 비워야 하나
하지만

너무도 억울하다
벗어나고 싶다

이렇게 보낼 나이가 아니지 않은가
내 일과
내 자리에서
사람들에게 기여할 나이가 아닌가

일어나
떨치고 일어나!

아버지,
주세요
힘을
용기를
당신의 지혜를

생명의 뇌관

커다란 포탄, 미사일도
작은 뇌관 있어야 터지고
사경으로 몰아가는 열병조차
단지 몇 그램 페니실린으로
생명은 소생한다
사렙다 모자의 마지막 한 종지만큼의 기름
한 움큼의 가루가 삼년 반 기근에서
생명의 싹 틔웠고
물고기 둘 보리떡 다섯
허다한 무리 허기를 채웠고
꼭 필요한 말은 불과
몇 마디에 지나지 않듯
나는
생명의 뇌관으로 살고 싶다

나자렛 시골 청년
예수의 짧은 생애가
생명의 뇌관 되어

인류를 살린 것처럼
들레지 않고 한적한
석양 아래 살아가련다

나는
이 땅 한 구석에서 잠시 살 것이다
비록 나는 작지만
생명의 뇌관으로 기폭제가 되고 싶다
아니,
그가 원하시면 그가 이루시리라
다만 나는
잠시 이 땅 살며 조용히
내 길을 갈 뿐

싹 난 무우

먹다 남아 던져둔
무우 반 덩이
새싹이 돋는다
심지도 않고
물도 주지 않았는데
자신의 진액으로
싹을 틔우느라
쭈글쭈글 몸집이 볼품없다

한 알 밀알이
싹을 틔운다
자신의 진액을 다 바친 희생으로
죽음으로써 싹을 틔우지 못하면
외려
밀알은 썩어 거름이 될 뿐

죽음으로써
생명의 싹 틔우고

스스로의 진액으로
새싹 피워내는
한 알의 밀알
불멸의 유전자
예수가 사는
나

디스크, 그 은혜가 내게 족하네

매일
나는
세례를 준다

아버지뻘 호자 돌림 단재 선생은
사방을 둘러봐도 어느 한 곳
머리 숙일 곳 없어
꼿꼿이
서서 세수하셨다

나도
꼿꼿이
서서 세수를 한다
머리를
숙일 수 없어
매일 나에게
세례를 준다
〉

폭포처럼 쏟아지는 은혜의 물줄기 아래
머리를 빗고
틀니 닦듯 혀를 뽑아 담근다
렌즈 소독하듯 눈을 꺼내 씻는다

허리 굽혀 땅만 보던
눈이 참회하고
각혈하던 입이
피를 씻는다

위로부터 부으시는 은혜가
눈물을 적셔
때묻은 발을 씻는다

뽕나무 아래서
– 김춘수의 꽃의 변주

주가 나의 이름을 불러주기 전에는
나는 다만
하나의 죽어가는 몸짓에 지나지 않았다

주가 나의 이름을 불러주었을 때
나는 뽕나무 아래로 내려가서
순결한 자가 되었다

주는 나에게
나는 주에게
잊혀지지 않는
삭개오*!

*삭개오(작카이오스) : 순결한 사람, 의로운 사람

성령의 단비

타들어가는 몸뚱이 뒤틀며
등 터진 발 동동 굴러
백주에 자행된 그 짓을
뒤척이며 신음하다 자결한 그 넋인가
꽃다움을 저버리고
떠도는 넋들이
버석버석 또 한 번 으스러지며
부스러진 늑골에 찔리고
피 토하는 절규
수목들의 피 외침
번민으로 지새운 이른 새벽
정한수 부으며
씻김굿을 한다

秋夜雨中

오랜만에, 너무도 오랜만에, 일기를 쓰려고 펜을 들어 날짜를 적고 옆에 雨라고 썼다. 비가 왔기 때문이다. 그리고 첫 줄을 다 쓰지 못하여 문득 雨가 눈에 들어왔다. 친구가 생각난 것이다. 그래 이렇게 오래 묵은 종이에 몇 자 적는다.

시시각각으로 계절은 바뀌어 바람이 분다. 나무가 흔들리고, 또 바람이 불고 낙엽이 뒹굴어 비가 온다. 이렇게 바람은 불어 세월이 간다. 이제 정신이 침전하는 시간이다. 말라비틀어진 나뭇잎 같은 너절한 생각들은 긁적여 모아다가 화톳불이라도 지를까, 그걸로 맘속에 칼날을 불리고 담금질하게.

추적이며 종일을 오가던 비가 그쳤나 보다. 문밖을 휘젓는 바람소리가 소슬하다. 무던한 시계 바늘은 연신 돌아간다. 그것은 반세기 남짓한 우리 생애에 무표정했던 벽이 아닌가. 시간의 벽. 기식이 있어 숨 쉬는 날이 얼말런지. 천하에 범사가 기한이 있고 모든 목적이 이룰 때가 있나니로 시작되는 전도서 삼 장을 굳이 떠올리지 않아도 이미 우리 눈엔 잔주름이 있지 않은가.

혼자 추스리기를 넘어 나 아닌 누구를 품을 수 있는 넉넉함

그렇다. 독립된 개체로서의 성숙은 ~로부터일지는 모르지만, ~에로라는 긍정이 가능한 때 비로소 立되는 것이리라.

문득,

보이지 않는 그 무엇인가를 可視化하고 可聽化하는 시계에 새로운 의혹이 생겼다. 분명 그것은 假示, 假聽이라는.

소리도, 빛도 없는 시간.

유한한 우리에겐 언제나 그것은 의문으로 남을 것이다.

아, 내 눈이여, 나의 귀여!

雨雨雨,

다시 바람이 불고

시계가 돌고

비가 내린다

항해

소년은
새 돛을 올리며
처녀 항해를 떠나는 배

정해진 방향 없이
바람 따라 일렁이며
인생의 바다를 항해한다

하늘 푸르면 바다 더 푸르고
이리저리 마음 내키는 대로 내달리다
불현듯 풍랑이 일면
파도는 구름을 휘말아
천지가 소용돌이친다

생명의 분투와 고뇌
변화 무쌍한 인생길
평온함은 순간뿐

아직도 여정은 영원처럼 아득한데

망망한 바다
끝없이 일렁이는 거친 파도
쉼 없이 불어오는 바람
방향타 잡은 손은 떨려

칠흑 같은 밤
폭풍 속에서
파도를 밟으며
걸어오는 그대

내 방향타 맡겨
영생포구로
그 풍랑 인해
더 빨리 가네

편지

살아 있는가
내 여기 살았네라고
말할 수 있으리만치
살아가는가

추억 속에 함추름 적시어진
자네 이름자나 적어보네
아무개라고

어느 사이
이 도시의 한구석에서
나의 콩나무 떡잎이 피어나지만
이미 아황산가스로 찌든 허파

그러나
난
이 공해로 찌든 도시에
작은 청정기로
살아간다네

2부

프레임 전도顚倒 1

煎 먹사 : 개뿔.

하나님, 나한테 까불면 죽어!! 아맨?

꽝 신도 : 아~매앤!

지금까지 예배 현장에서 채널 와이 정 신 병, 입니다.

이 소식에 여론 비등, 국론 분열
혹자는 카리스마 개쩐다
혹자는 개독이다

관중들은 배꼽이다
개콘 웃찾사보다 웃긴다고

내 입은 소금이다

프레임 전도顚倒 2

예수 : 엘리 엘리 라마 사박타니…
　　　다 … 이루었다 ….

먹사 : 네, 자세 좋아요~. 계속 눈 꼭 감고 계시고요.
　　　거기서 내려오시면 안 됩니다아?
　　　자~, 오세요. 아무나 오세요오. 오시면 구원이 공
　　　짜, 무조건 공짜. 거기에 십일조와 헌금으로 베팅
　　　하면 백프로 대박납니다. 대-바-악!

에스겔이 옷을 찢고 혀를 잘랐다
차가운 흑암 속에
높이높이 네온으로 빛나는 십자가
달아난 예수는
저 낮은 어느 곳에

오늘의 요나

혀를 나름이며
오늘의 요나는 말한다

괜찮아,
하나님은 자비하시니까

텅 빈 예식장
– 깨믿필 이유*

주의 임하심과 세상 끝에는
무슨
징조가 있사오리이까**

이 천국 복음이 모든 민족에게 증언되기 위하여 온 세상에 전파되리니
그제야
끝이
오리라***

그러나
…
인자가 올 때
…
세상에서 믿음을 보겠느냐****

* 깨어있는 믿음이 필요한 이유

** 마태복음 24:3

*** 마태복음 24:14

**** 누가복음 18:8

신내림 1장

1절

하나는 태초이니

하나님은 태초를 낳고

태초는 하나님께로 말미암아

하나님에게서 시작되니

태초에 하나님이

천지를 창조하시니

주)

태초에 말쓰미 계시니

그 말씀은 로고스요

말씀 도라

2절

로고스가 말씀하여

골오디

빛이 있으라

하시니 그 말씀미
빛이 되어
말씀미 빛이 되니
그 빛이 로고스요
말씀미니

3절
혼돈하고 공허하며
깊은 흑암 위에
로고스가 빛으로 계시며
말씀으로 빛이 되시니
그 빛이 세상의
도가 되니라

희생불임증

아침식사는,
켈로그 시리얼로 드셔보세요

아침이 달라집니다

하루가 달라집니다
…
…
와 그래 놀라

강신

엘리 엘리
엘리야 엘리
엘리 엘리
불을 내리신 엘리
엘리 엘리
라마 사박타니 엘리
불을 내리소서 엘리
성령의 불을 엘리
엘리 엘리
나의 하나님
마라나타 엘리

복숭아의 계절

버스를 타고 어머니는
조치원에 가셨다
어머니 무릎에 앉아
세상 구경
더운 날 열린 차창 밖으로
풍경이 지나갔다
바람도 지나갔다

복숭아농장에서
복숭아 열 관 열두 관
가득한 나무궤짝
목이 휘도록 짓누르는
나무궤짝 머리에 이고
한 손으론 날 이끌고
그것은 어머니의 삶의 무게
가누기 힘든 휘청임을 버티며
굽이진 먼 길을 걸으신 어머니
궤짝 위엔 육 남매와

늙은 시모가 있었다
어머니의 밥상
우리 가족의 일용할 양식은
어머니의 휘청이는 목
작은 머리 위 커다란 나무궤짝에서 나왔다
그러기에 이를 악물고
복숭아 하나라도 더
궤짝에 올려 이고 날랐다

달달한 복숭아 맛에 홍이 난
나는 마냥
버스 타기가
세상 구경이
신기하기만 했다
풍경이 지나갔다
바람이 지나갔다
그렇게 천진한 세월
복숭아의 계절이 흘러갔다

사모思母

어머니
나는
당신의 몸에서 나와
당신의 품에서 자라고
당신의 손길 속에 살았습니다

당신의 몸 밖으로 나올 때
나는
가녀린 짐승의 새끼보다
더 연약한 존재였습니다

모두 잠든 밤
행여 잠을 깨울세라
윗방에서 문지방 붙들고
홀로 진통을 견뎌
나를 낳고
홀로 핏덩이를 거두신 어머니
당신은

마리아보다 더
숭고한 분이십니다

회푸대 종이 잘라
깨끗이 펴고
잘 닦은 가위로
탯줄 자르고
파란 엉덩이 두드려
목숨을 틔우고
더러운 저의 몸을 정갈히
씻어주셨지요

어머니
나는
지금 다시 숨이 막혀요
양수처럼 눈물이 가슴에 차올라
숨을 쉴 수 없어요
어머니

당신의 몸에서 나와
당신의 품안에 안길 때처럼
실컷 울고 싶어요
보고 싶어요, 어머니

그리고
감사해요, 어머니
날 위해 너무 고생하셨어요
너무너무
힘에 넘치도록
고생 많으셨어요
너무너무
힘에 넘치도록
희생하셨어요, 어머니

감사해요
감사해요
그리고 죄송해요

겨울새

이른 햇살 깃든
맞은바라기 공원
일월이래도 푸른
소나무 서넛

기도 마친 새벽새의
청아한 찬송

땅이 끝나는 곳에서
서리 안개
솔잎 훑으며
파르락

육아六我

태어나
나는　　　　막내아들이다
나는　　　　동생이다
나는　　　　남편이다
나는　　　　아버지다
나는　　　　교수다
나는　　　　누구의 누구인가

이제
나는　　　　아들이 아니다
나는　　　　또 무엇이 될까

육아育兒
— 자장가

자장자장 우리애기
잘도잔다 시은이희민이
하나님의 기쁨이요
이땅에 축복이요
시은이희민이 잘도잔다

지혜롭고 명랑하게
온유하고 겸손하게
자장자장 우리애기
하나님과 동행하며
감사하고 찬송하는
시은이희민이 잘도잔다

사람들을 사랑하고
사람들을 도와주는
시은이희민이 잘도잔다
자장자장 우리애기

육아育兒
– 너는 나의 노래

하나님의 기쁨 이 땅의 축복
신시은 신희민
감사하고 찬송하는
신시은 신희민
온유하고 겸손한
신시은 신희민
지혜롭고 명랑한
신시은 신희민
하나님과 동행하는
신시은 신희민
사람들을 도와주는
신시은 신희민
짝짝짝 짝짝짝

우리우리 시은이
정말정말 사랑해요
우리우리 희민이
정말정말 사랑해요

하나님의 기쁨 이 땅의 축복
신시은 신희민
짝짝짝 짝짝짝
오, 예~!!

육아育兒
— 인생의 숙제

벼락이 떨어졌다
유치원 숙제
가훈

운명을
결정해야 할 순간
우르릉~
우르릉~ 번쩍
콰르릉 쾅

감사하고
찬송하며
동행하자!

빰 빰 빰 빠~암
운명의 사자는 이렇게 문을 두드리고
인생 교향곡이 시작되었다

해설

기묘하고 정확한 순례의 합창

박한라(한남대학교 탈메이지교양대학 교수)

1

정확하게 표현되지 못한 진리는 어지럽다. 그러나 정확하게 표현된 진리는 기묘하다. 강홍수 시인의 순례길과 신태수 시인의 순례길은 각각 길은 다르지만 결국 같은 신을 지향하면서 동일한 진리를 표현한다는 점에서 기묘하다. 마치 높낮이가 서로 다른 음들이 화음을 이루며 다른 선율로 노래부르는 합창처럼. 그래서 이러한 현상을 서문에 '합창'이라 밝힌다.

신은 호출되는 순간 사라져버린다. 하지만 분명 그곳에 있었다. 그러한 증명의 작업이 이 시집에서는 '시'다. 『불빛 순례자』에서는 강홍수 시인이 잡은 '신'의 빈자리를 신태수 시인은 이어달리기하듯이 추적한다. '신'은 그들을 합창하게 하는 방법으로 살아있다.

강홍수 시인은 1부에서 신을 찾아가는 길을 "나를 찾아가는 길"로 풀어 서사화한다. 우리는 살면서 (자)신을 자주 잃어버린다. 이때 자신은 자신(自身)의 영혼으로서의 자신(自神)이다. 잃어버린 자신을 다시 살게 하는 방법은 끝내 길을 걸어가는 일이다. 그리하여 시인은 "가보지 않으면" 절대 알 수 없는 미지의 길을 찾기 위해 순례자가 될 수밖에 없다고 고백한다.(「길」) 순례를 멈추면 길이 지워지고 길이 지워지면 자신을 잃는 구조는 화자를 끊임없이 순례자의 길로 인도한다.

> 돈 버는 기계가 되어가는 메마른 세상에서
> 영혼을 느껴보려 거니는 바닷가
>
> 객지 생활 동생 마중 나온 고향의 누님처럼
> 양팔 활짝 벌려 달려온 파도는
> 살아보라고
> 펄떡이는 물고기처럼 살아보라고
> 솟구쳐 오르며 응원을 하네
> 왜 이리 삶이 버거운지 모르겠다는 나에게
> 인생이란 굴곡 심한 물결 같은 것이라고

열정적인 몸짓으로 거듭거듭 보여주네

해거름 뉘엿뉘엿 재촉에
돈 공장 같은 도시로 귀환하는 등 뒤로
힘내라며 날개 박수로 배웅하는
누이 같은 바다

—「누이 바다」 전문

화자는 고된 인생을 살아가면서 어느덧 본인이 "돈 버는 기계가 되어"버린 느낌을 받는다. 이러한 "메마른 세상"에서 "바닷가"는 화자의 "영혼"(신)을 느끼기 위해 걷는 순례길이다. 강홍수 시인의 시에서 순례길은 결코 혼자만 가는 길이 아니며 다양한 타자들과 어울릴 때 펼쳐진다. 위 시에서 "파도"는 "객지 생활 동생"을 "마중 나온 고향의 누님처럼" "양팔 활짝 벌려" 화자에게 다가온다. 이에 화자는 파도의 응원에 입어 "펄떡이는 물고기처럼 살아보"려는 생동력을 얻는 것이다. 그리하여 화자는 "돈 공장 같은 도시로 귀환하는 등 뒤"에서 "힘내라며 날개 박수로 배웅하는" "누이 같은 바다"와 함께 바닷가를 걸어가며 힘든 세상살이를 이어나간다.

길을 '계속' 걷기 힘들다는 건 타나토스를 암시한다. 순례자에게 길을 걷지 않는다는 건 더 이상 신을 지향하지 않는 '죽음'을 의미하는 일이기 때문이다. 위 시에서 살펴본 바와 같이 세속에서 이미 지칠 대로 지친 화자는 길을 걸을 수 있는 에너지를 본인이 사랑하는 타자에게서 얻는다. 순례길을 걸어갈 수 있는 힘을 주는 타자와의 '어울림', 혹은 그러한 타자의 '아름다움'에 대해 쓴 시편들은 화자가 자신을 깨달아가는 길을 풍요롭고 아름답게 길어 올린다. 화자의 순례길에서 "노란 줄무늬 거미", "베짱이", "긴 꼬리 까치 한 쌍"의 풍경(「여름 풍경」)이나 "코스모스꽃", "달맞이꽃", "양귀비꽃" 등의 다양한 꽃들의 어울림(「어울림」)은 순례길의 내밀하고 끈질긴 생명력을 끌어 올리는 바탕이다.

서러워 마라 흔들리지 마라
추수할 열매 거의 없다고
그나마도 탐스럽지 못하다고
잎사귀 뚝뚝 떨구며 괴로워 마라
이제 너는 겨우 삼 년 살이
살아온 세월보다 살아갈 날이 더 많은데
숱한 세월 풍파 견뎌낸 나무들의 결실과 비교하며
떠돌이 바람처럼 휭휭 울어대기엔 이르잖은가
비 온 뒷날 아침 햇살 받으며 움 돋던 새싹들

연노랗게 피어나던 앙증스러운 꽃잎들
여름을 울창울창 풍성케 하던 너의 이파리들
그것만으로도 멋진 한해였잖은가
몰려오는 한파 견뎌내며 나이테 넓혀가고
뿌리 탄탄히 깊어지노라면
늘어나는 잎사귀들과 예쁜 꽃잎들만큼
붉은 웃음 주렁주렁 펼쳐 보일 날이 오잖겠는가
아직은 까치조차 찾아오지 않지만
벌과 멧새들까지 찾아와 잔치 벌일 날 오잖겠는가
지금도 잔가지들이 햇살 받아 반짝이잖은가

—「어린 감나무에게」 전문

생명을 지니고 태어난 만물은 태어나고 성장하다 죽는다. 이러한 과정을 시인은 자신을 찾아 나아가는 순례길로 본다. 누구에게나 본인에게 주어진 생을 견디는 일은 만만치 않다. 그럼에도 생을 포기하지 않고 살아가면서 순례하는 일은 곧 자신의 영혼으로서의 '신'을 만나는 방법이다. 위에서 살펴본 바와 같이 이러한 길을 가는 데 있어 본인의 의지만큼 중요한 것이 '타자'의 따뜻한 응원이다. 위 시에서 화자는 순례를 하는 "어린" 청년을 격려하는 타자로 등장한다.

청년 시절에는 "추수할 열매"도 "거의 없"고 열매가 열렸다 한들 "탐스럽지 못"한 것이 대부분이다. 이러한 청년을 대변하는 "어린 감나무"에게 화자는 "서러워 마라 흔들리지 마라"라는 강건한 명령을 통해 길의 가능성을 제시한다. "살아갈 날이 더 많"다는 사실은 아직 펼쳐지지 않은 길의 잠재성을 드러내는 동시에 현실이 아닌 미래에 초점을 맞춰야 하는 당위성을 제공한다. 다른 "나무들의 결실과 비교"하고 "떠돌이 바람처럼 휭휭 울어대기엔" 아직 "펼쳐 보일 날"이 많은 것이다. 여기서 "떠돌이 바람"은 길을 방황하는 자를 의미하는 오브제로 등장한다. 이와는 달리 "어린 감나무"가 가는 길은 방향이 있는 자만이 걸을 수 있는 순례길이다. 이는 "어린 감나무"가 신을 발견할 때 방향이 생기기 때문이다. 그리하여 비록 지금의 순례길에 "한파"가 몰아쳐도 신이 이끌어준 미래에서 본 과거는 "멋진 한해"였으며 결국 "나이테"를 "넓혀가"는 일임을 화자는 역설한다.

여기서 주목해볼 점은 지금도 "어린 감나무"의 "잔가지들이 햇살 받아 반짝이"고 있다는 사실이다. 햇살의 반짝임과 같은 '빛'은 강홍수 시인의 시에서 '신'의 모습으로 자주 등장한다. 멀리서 빛으로 등장하는 신의 은총에 입어 순례길을 걸어가는 화자도 "반짝"일 수 있다. 이처럼 미래를 인도하는 신은 현재에도 화자 곁에 존재한다. 신은 시간을 횡단하면서 순례길을 이끌어낸다.

떠날 때인가 보다
애타게 기다리던 이도 이젠 돌아와
우리들의 뜰 안이 이토록 반짝거리노니

저편으로 가서
창조주와 기도 대화를 나누며
끊임없는 자문자답을 통해
세상 돌아가는 이치에 대하여
하나둘 터득할 때인가 보다

불빛이 되자
환할 때는 보이지 않다가도
깜깜할수록 빛을 발하는 별빛처럼
구도자처럼 순례의 길 떠났다가
우리의 마당이 비워져 적막할 때
소리 없이 돌아와 채워지는
불빛이 되자

—「불빛 순례자」 전문

"순례자"인 화자는 "창조주와 기도 대화를 나누며/ 끊임

없는 자문자답을" 한다. 신은 화자의 마음속에 거하는 자신(自神)이다. 그러므로 화자는 자신과의 대화 가운데 마음속으로 "애타게 기다리던 이"를 불러올 수 있다. 애타게 기다리는 자가 있다는 건 화자의 마음이 어둠에 가까웠음을 암시한다. 그리고 신은 "환할 때는 보이지 않다가도/ 깜깜할수록 빛을 발"한다. 이는 얼마나 위로의 전언인가. 삶을 살아가면서 가장 어두운 순간에 신은 비로소 환하게 빛을 드러낸다. 신의 명도는 부귀영화보다는 어두우며 절망보다는 밝다. 순례길이 어두울수록 신을 볼 수 있다는 원리는 순례자가 되기 위해서는 어둠을 자청해야 한다는 진리를 암시한다.

이에 더 나아가 화자는 우리에게 "불빛이 되자"고 권유한다. 이는 '신'이 되어보자는 의미로 해석할 수 있다. 통상 순례자는 신을 만나기 위해 순례길을 걸어가는 차원에 머문다. 이에 반해 위 시에서는 순례자 스스로 '신'이 될 수 있음을 역설하는 것이다. 이와 같은 전언이 가능한 이유는 강홍수 시에서 순례자는 자신(自神)을 열어나가는 길을 걷는 자이며 순례를 끝마치고 이 세상을 "떠날 때" 비로소 자신(自神)을 만나기 때문이다.

이처럼 '죽음'은 순례자를 신이 되게 한다. 이에 죽음을 맞이하는 순간 화자는 모든 "애타"는 일들도 용서가 되며 오롯이 신으로서의 자신을 만날 수 있다. 이렇게 "불빛"이

된 순례자는 후손인 순례자가 어두울 때 환함으로 그들에게 가닿을 수 있다. 즉 순례자의 삶은 유전적이다. 순례자는 대대로 "불빛"인 자신을 발견하기 위해 목숨이 다할 때까지 걸어간다. '죽음'은 신이 존재함을 증명하는 마지막 통과의례다.

"불빛"으로서의 신은 순례자에게 아득한 미래로 가는 길을 보여주는 존재다. 그리하여 강홍수 시인은 반짝임, 빛으로 환원되는 '신'을 '희망'으로 호출해내기도 한다.

> 때로는 꿈속 같은 시간의 미로 속에서
> 우왕좌왕 헤매 돌기도 하는 생활이었지만
> 시간은 생을 죽음의 문을 향해 이끌어왔듯
> 남은 생애 또한
> 인생길의 마지막 관문으로 이끌리라
> 바위를 만나 휘몰아 치고 고꾸라지는 시냇물이
> 결국은 바다 품에 안겨 안식을 취하듯
> 귀신에 휘말린 듯한 악몽 같은 현실조차도
> 시간은 이 세상 마지막 희망으로 인도하리라
>
> ―「숙명적인 희망」 전문

주지하다시피 "숙명"이란 날 때부터 타고나 정해진 운명이다. 그렇다면 화자에게 "희망"이 숙명적인 이유는 무엇일까. 앞서 살펴본 바와 같이 신은 어두울 때 모습을 현전하기 때문이다. 즉 절망 가운데서만이 신을 접할 수 있으며 자연스럽게 신은 순례자에게 "희망"이 되는 것이다. 화자는 현실을 "귀신에 휘말린 듯한 악몽"으로 보고 있으며 이는 반대로 신을 가장 잘 볼 수 있는 순간이다. 즉 신을 바라보며 길을 걷는 순례자에게 "희망"은 신을 부르는 다른 이름인 것이다.

순례자가 "미로"와 같은 길을 걸어가는 일을 멈출 수 있는 건 "인생길의 마지막 관문"인 "죽음"뿐이다. "죽음"은 "바위를 만나 휘몰아 치고 고꾸라지는 시냇물"같이 고통스럽고 절망스러운 순례길을 끝내고 "바다 품에 안겨 안식을 취"할 수 있도록 한다. 화자는 비록 신이 이끄는 현재를 살고 있지만 결국 모든 것이 안식으로 종결될 때 "마지막 희망"으로서의 신을 오롯이 만날 수 있다.

강홍수 시인의 시에서 '현실'은 순례자가 신을 향해 길을 가는 고난을 보여주는 실제적인 세계라면 '꿈'은 신을 경험하는 순간을 서사화하는 잠재적인 세계다.

> 등산하는 사람들이라면 누구나 등반을 꿈꾸는
> 까마득한 소망산을 오르기 위해 강가에 다다르니
> 앞서간 수많은 사람이 강을 건너지 못한 채

웅성거리고 있었네
깊은 강에 괴물까지 산다면서

내가 꼭 가야 하는 길이라면
괴물과 싸워서라도 기필코 건너리라
굳세게 다짐하며 나아가려는 순간
돌연 뒤에서 나타난 높이 모를 거대한 기중기
나를 좌아악 끌어올려
강을 건너 첩첩산중을 지나서
울긋불긋 단풍에 둘러싸여 은백색 빛을 발하는
집채 같은 거대한 바윗덩어리의 정상을 보여주었네

—「예지몽 2」 전문

위 시에서 화자는 "까마득한 소망산을 오르기 위해 강가에 다다"른다. 문제는 "앞서간 수많은 사람이 강을 건너지 못한 채/ 웅성거리고 있"다는 점이다. 화자는 "내가 꼭 가야 하는 길이라면/ 괴물과 싸워서라도 기필고 건너"겠다는 다짐을 한다. 이러한 다짐이 가능한 이유는 '희망'의 환유로 볼 수 있는 '소망'이 곧 '신'이며 신이 거하는 "소망산"으로 가는 일이 순례자의 숙명이기 때문이다. 다만 꿈속에서의 순례가 현실과 다른 점은 화자가 곤경에 처해 있을 때 "뒤에서 나타난 높이 모를 거대한 기중기" 같은 신이 화자를 "좌아악 끌어올려/ 강을 건너 첩첩산중을 지나서" "은백색 빛을 발하는" "정상"을 보여준다는 점이다. 현실에서는 신이 어두운 상황을 배경으로 잠시 '빛'으로 현전하는 반면 꿈에서는 신이 화자에게 능력을 보여줄 뿐만 아니라 화자의 소망까지 이루어준다. 이러한 꿈이 "예지몽"이라는 점은 화자가 꿈에서 본 신의 모습이 미래에 반드시 일어날 것이라는 강력한 믿음에서 비롯된다. 그리고 이러한 믿음 안에서 현실과 미래의 구분은 식별 불가능하다. '미래에서 이미 일어난 일'과 같은 역설의 시간이 바로 신의 시간이기 때문이다.

이처럼 강홍수 시인의 시에서 화자가 걷는 순례길은 자신을 드러내는 길이며 그렇게 드러난 자신을 통해서 '신'의 불빛은 현현된다. 신은 현실에서 '불빛'으로 드러나기 때문에 어두운 상황에서만 현전한다. 이러한 화자의 순례길은 고난의 길이지만 그 과정에서 만나는 신의 불빛을 받으며 화자는 '반짝'일 수 있는 것이다. '현실'에서는 마음이 어두울 때 신이 불빛으로만 등장하는 서사를 보인다면 '예지몽'은 '미래에서 이미 역사한 신의 능력'을 경험하는 믿음을 보여준다. 그럼에도 '죽음'을 통해서만이 신을 온전히 경험할 수 있는 순례길에서 신은 불빛이나 꿈과 같은 흔적으로 드러날 뿐 여전히 빈자리로 남는다. 그리고 그 빈자리를 이어 합창하는 신태수 시인의 노래가 있다.

2

신태수 시인의 시는 "성과 속"이라는 부제로 시작된다. "성"이 신의 그림자라면 "속"은 인간의 모습일 것이다. 감각을 통해 인식되는 현존을 중심으로 법과 질서를 정하면서 인간은 그 뒤에서 잠재해 있는 신의 음성을 놓칠 때가 있다. 신태수 시인은 현존하는 모든 것들이 결국 신의 쳇바퀴에 의해 굴러가고 있음을, 결국 이 모든 세상만사가 돌아가는 힘은 인간이 만들어낸 법이나 규칙이 아니라 '신의 섭리'임을 시를 통해 보여주고자 한다.

움직임만 볼 뿐
우리는 시계의
중심을 주목하지 않는다

시
분
초가

동일한 근원에
못 박힌 것을

순환과
직선은
철학

그러나
언제나 원점에서 나는
신을 만난다

―「時計」 전문

화자는 우리가 "시계"의 "움직임만 볼 뿐""중심을 주목하지 않는다"는 점에 주목한다. 이는 인간이 육체를 갖고 태어나기 때문이다. 타인과 나를 구분할 수 있는 건 기본적으로 '육체'가 서로 분리된 점에 기인한다. 만약 타자와 나의 육체가 서로 하나인 채 붙어있다면, 그래서 하나의 움직임이 모두에게 전해진다면 우리는 '타자'라는 개념을 익히기 어려울 수 있다. 이렇게 분리된 육체는 세계를 감각기관을 통해 인지함으로써 현존과 부재 사이에 명확한 선을 긋는다. 이와 같은 문화는 "시계"를 보는 일에 있어서도 적용된다. 우리는 감각기관을 통해서 인지할 수 없는, 그래서 부재하는 '시간'을 보지 않고 '시계'를 주목한다. 화자는 이러한 액면적이고 표층적인 시계의 "움직임"에만 집중하는 모습을 비판하고 결국 "시"침, "분"침, "초"침이 "동일한 근원에/ 못 박힌 것"을 찾아낸다. 즉 시간은 못이 박힌 "동일한 근원"의 자리인 것이다.

여기서 "못 박힌" 시간은 마치 십자가에 못 박힌 예수와 같은 신의 모습을 넌지시 암시한다. 아무리 정밀한 시계여도 정확한 '시간'을 잡기란 어려운 일이다. 즉 이 시에서 '시간'은 '신'이다. 시계가 시간을 가리키기 위해 회전하는 모습은 마치 순례를 하는 순례자의 모습을 연상케 한다.

"시"침, "분"침, "초"침의 "순환"은 "원점"에 거한 시간을 좇는 화자의 순례길이며 "직선"은 그러한 순례길을 가면서 끊임없이 '신'을 향하는 자세다. 시계 침은 숫자판을 회전하며 시간을 쫓지만 결국 "원점에서" "신을 만"나는 경험을 한다. 이는 단순히 '시작'을 의미하는 원점이 아닌, 회전이 있기 때문에 비로소 드러나는 "원점"이다.

매일
나는
세례를 준다

아버지뻘 호자 돌림 단재 선생은

사방을 둘러봐도 어느 한 곳
머리 숙일 곳 없어
꼿꼿이
서서 세수하셨다

나도
꼿꼿이
서서 세수를 한다
머리를
숙일 수 없어
매일 나에게
세례를 준다

폭포처럼 쏟아지는 은혜의 물줄기 아래
머리를 빗고
틀니 닦듯 혀를 뽑아 담근다
렌즈 소독하듯 눈을 꺼내 씻는다

허리 굽혀 땅만 보던
눈이 참회하고
각혈하던 입이
피를 씻는다

위로부터 부으시는 은혜가
눈물을 적셔
때묻은 발을 씻는다

—「디스크, 그 은혜가 내게 족하네」 전문

위 시에서 화자는 "디스크"로 인해 "꿋꿋이/ 서서 세수"를 한다. 세수를 하면서 "머리를 숙일 수 없"으니 물이 아래로 떨어져 옷이 젖을 수밖에 없다. 이러한 형편을 화자는 "매일" 자신에게 "세례를 준다"고 표현한다. 세례는 물에 젖는 과정을 통해 그리스도 안에서 다시 태어남을 상징하는 의식이다. 화자가 신의 자녀로 태어날 수 있는 이유는 '예수'처럼 고통 속에서 끝까지 신을 지향하기 때문이다. 디스크로 인해 굽힐 수 없는 허리로 인해 화자는 '직선'의 자세를 유지함으로써 매번 세례를 받는 자세를 취하는 숙명에 처해 있다. 앞서 시에서도 볼 수 있듯이 신태수 시인의 시에서 '직선'의 자세는 신을 지향하는 방법이다. 매일 세수를 할 수밖에 없듯이 순례자로서의 화자는 꿋꿋하게 허리를 세운 자세로 본인이 신의 자녀임을 상기한다. 이러한 과정을 통해 위 시의 "세수"는 얼굴을 닦기보다 영혼을 정화하는 행위로 읽어야 자연스럽다.

많은 날을 보내고
이렇게 다시 혼자다
글을 쓸 기력이
아니, 열정이
솟질 않아
이다지도 많은 날을
비워두었다

무기력증과 허망함과 공상
질곡으로 점철된 생을 꾸려나가기가
이리도 벅찬가
굳이 이렇게까지 절박하게
되지 않을 수도 있었을 터인데
각박함 속에 삶의 생기를 상실하고
찌들고 추해진 내 모습이 싫다
(중략)

일어나
떨치고 일어나!

아버지,
주세요

힘을

용기를

당신의 지혜를

—「생의 한가운데서」

위 시에서 화자는 "많은 날을 보내고" "다시 혼자" 놓여 있다. 문제는 화자가 삶을 살아갈 "기력", "열정"이 전부 소모된 상태라는 점이다. 이렇게 무기력한 화자에게 앞날은 "비워" 둘 수밖에 없는 빈 공간이다. 화자는 "이렇게 보낼 나이가 아"님을 자각하고 "내 자리에서/ 사람들에게 기여"하기 위해 "일어나/ 떨치고"자 한다. 그렇다면 "무기력증과 허망함과 공상"에 머문 상태에 놓인 화자가 어떻게 다시 회복할 수 있었을까. 화자는 "아버지"에게 "힘"과 "용기", 그리고 "당신의 지혜를" 구한다. 순례자인 화자에게 "아버지"는 신이다. 즉 화자는 무기력하고 허망하며 공상에 빠진 자신의 비워진 삶을 살기 위해 '신'께 기도하는 것이다. 이러한 현상은 앞서 살펴본 「시계」의 원리와 다르지 않다. 시계의 시침, 분침, 초침은 시계판의 빈 공간을 돌면서 시간을 가리킨다. 마찬가지로 화자는 삶의 빈 공간과 같은 무기력한 상황을 살아가고자 신을 지향하는 것이다. 어쩌면 시계판이 빈 공간이므로 시침, 분침, 초침이 돌아갈 수 있듯이 화자의 삶이 무기력하기 때문에 신을 지향할지도 모른다. 시침, 분침, 초침이 중심에 박혀 돌아가듯이 화자는 정확히 “생의 한 가운데서” 신을 지향한다. 화자는 신의 응답에 힘입어 인생을 살아가다가 결국 자신이 있는 중심의 자리에서 신을 발견할 것이다.

어머니
나는
당신의 몸에서 나와
당신의 품에서 자라고
당신의 손길 속에 살았습니다

당신의 몸 밖으로 나올 때
나는
가녀린 짐승의 새끼보다
더 연약한 존재였습니다

모두 잠든 밤
행여 잠을 깨울세라
윗방에서 문지방 붙들고
홀로 진통을 견뎌
나를 낳고
홀로 핏덩이를 거두신 어머니

당신은
마리아보다 더
숭고한 분이십니다

회푸대 종이 잘라
깨끗이 펴고
잘 닦은 가위로
탯줄 자르고
파란 엉덩이 두드려
목숨을 틔우고
더러운 저의 몸을 정갈히
씻어주셨지요

(후략)

―「사모思母」

이 시는 "어머니"의 헌신적인 사랑에 대한 묘사가 주를 이룬다. 화자는 "어머니"의 "몸"에서 나와 그녀의 "품"에서 자라고 그녀의 "손길" 속에서 살았다. 화자가 "어머니"의 몸 안에 있을 때나 몸 밖에 있을 때나 "어머니"는 "연약한 존재"인 화자를 지킨다. 이러한 "어머니"를 화자는 "마리아보다 더 숭고한 분"이라고 표현한다. 즉 화자에게 "어머니"는 '신'과 같은 존재인 것이다. 예수가 제자의 더러운 발을 닦아주듯이 "어머니"는 화자의 "탯줄"을 자르고 "더러운" "몸"을 정갈하게 씻어주신다. 이러한 '사모(思母)'를 통해 우리는 신태수 시인이 구상하는 '신'의 특징을 유추해볼 수 있다. 어머니가 화자를 낳아주시고 길러주시고 희생하시듯 신도 이러한 숭고함을 가지고 있는 존재인 것이다. 즉 화자가 존재하는 근원이자 생을 살아갈 수 있는 유일한 버팀목이 신이며 이러한 신의 은총을 통해 화자는 자신의 순례길을 걸어갈 수 있다.

화자에게 어머니는 '신'과 다름없기 때문일까. 신태수 시인의 시에서는 신을 그리움으로 표현하는 경우가 더러 있다.

> 잠을 깨운 빗소리에
> 오래도록 젖는다
> 비 내리는 풍경은 아주 기–인
> 옛날이야기처럼
> 주저리주저리 종일 이어지고
> 길섶엔 물방울 구르는
> 토란잎이 흔들리고
> 이따금 거센 빗줄기에
> 비안개가 피어난다

토란잎 같은 머릿결의 테스는
장대비로 머릴 감았드랬지
피아노의 클라이맥스도
오늘 같은 날이었던가

다시
비안개가 하얗게 밀려와
캔버스를 지운다
시간이 멈춘다
누군가 올 것만 같다

쏟아지는 빗방울만큼
그가
그리운 것이다

—「무제」 전문

이 시의 제목이 "무제"인 이유는 "비안개가 하얗게 밀려와""아주 기—인/ 옛날이야기처럼/ 주저리주저리 종일" 비가 내리는 풍경을 지우기 때문이다. 신태수 시인의 시에서 '빈 공간'은 신이 드러나는 자리다. 아무것도 보이지 않을 때 "시간이 멈"추고 "누군가 올 것만 같"은 감응은 신이 이곳에 있음을 암시한다.

화자는 아무것도 감각할 수 없는 공간 속에서 “그”를 “그리”워한다. 여기서 “그”는 ‘신’을 의미한다. 신은 화자가 백지의 공황 상태에 놓여있을 때마다 그를 구원한다. 이러한 경험이 한두 번이 아닌 것을 증명하듯이 화자는 무제의 풍경 속에서 “그”를 그리워하는 것이다.

여기서 ‘그리움’은 ‘신’이 될 수 있는 어머니와도 대응한다. 어머니 또한 화자가 존재하지 않았던 백지 상태의 시공간 속에서 화자를 존재하게 하였으며 그가 약할 때, 더러울 때 가리지 않고 그를 사랑하기 때문이다. 이렇게 본다면 비의 이미지는 자궁의 양수로 볼 수 있으며 화자는 태아처럼 무지의 순수한 세계 속에서 신의 섭리에 따라 다시 태어날 것이다.

이처럼 신태수 시인의 시에서 신은 화자가 무기력하거나 아무것도 볼 수 없는 상황, 혹은 빈 공간을 맞이할 때 드러난다. 방향조차 잃은 백지 상태에서 신은 화자의 방향이 된다. 그러한 신을 지향하며 걸어가는 순례길은 신태수 시인의 시에서 시계의 움직임과 같은 ‘원환’으로 표현된다. 길을 순환하면서 화자는 어느덧 ‘생의 한가운데’에 도달하고 ‘신’을 발견한다. 이때 화자의 자세는 ‘직선’이다. 이는 ‘생의 한가운데’에서 현실에 부재하는 신을 굳건하게 지향하는 방법인 것이다.

3

이쯤 되면 강홍수 시인과 신태수 시인의 시는 '신'을 지향하는 순례자의 서사라 봐도 무방하다. 사실 '시인'이란 음성을 빨리 발음하면 '신'과 유사하듯이, 시인은 시를 통해 자신만의 신을 발현시키는지 모른다. 그럼에도 신을 온전히 호출할 수는 없기에 다양한 시인이 존재할 수 있다.

강홍수 시인은 어둠 속에 거할 때만이 드러나는 '불빛' 같은 신을 묘사하였으며 신태수 시인은 빈 공간 가운데 모습을 드러내는 신을 묘사하였다. 두 시인의 하모니는 시집 전체를 통해 '합창'을 이루고 신은 잠시 모습을 드러낸다.

고통과 무의미로 점철된 순례길을 걸어나가기 위해서는 '신'이 존재해야 하며 '신'이 존재할 때 비로소 순례길이 드러난다. 그러므로 순례길을 걸어가듯이 인생을 살아가고 있는 것만으로 우리는 신이 우리와 함께하고 있음을 발견할 수 있다. 간혹 우리가 그러한 신을 볼 수 없거나, 지향할 수 없는 자세로 살아갈지라도 '신'을 좇는 건 우리의 숙명이라고 두 시인이 이 시집에서 동시에 코러스를 부르는 순간이 있다. 기묘하고 정확하게.